Le petit garçon qui ne lit pas
comme les autres

Loi n°49-956 du 16 juillet 1949 sur les publications destinées à la jeunesse,
modifiée par la loi n°2011-525 du 17 mai 2011.

© 2017, Auteur : Marie Dès - Illustrations : Hervé Barré
Edition : BoD - Books on Demand
12/14 rond-point des Champs Elysées - 75008 Paris
Imprimé par BoD – Books on Demand, Norderstedt

ISBN : 978-2322-174997

Dépôt légal : Juillet 2017

ALIX

Le petit garçon qui ne lit pas
comme les autres

Textes : Marie DÈS - Illustrations : Hervé BARRÉ

Lève jusqu'à tes yeux ...

la page écrite et le dessin complet t'apparaîtra.

Cherche où tu peux le faire...

Quelqu'un pourrait-il m'aider…
je meuuuurrs…
Je suis déjà mort… !
Disait l'enfant endormi.

—Je suis le chevalier et je n'ai peur de rien !

Attention à vous, ceux qui ne comprennent pas les efforts

que je fournis et les frustrations que j'accepte.

Reculez-vous et taisez-vous… !

Je vous anéantis totalement !!

Je suis Niska du monde d'Allyon

et je veille à la sécurité des gens en souffrance… !

Je marche seul dans cet univers en quête de réponses.

Ecoutez ce que j'ai à vous conter…

NORI  TERRE

Royaume d'Allyon

Quand je me sentais las et fatigué et que j'en avais ras la casquette,

je me laissais glisser dans le songe et le sommeil m'enveloppait.

*Inéluctablement, je me retrouvais dans Allyon aux confins

d'un monde imaginaire à chercher l'être avisé et instruit

qui m'expliquerait mon mal.

J'avançais fièrement dans mon habit de Niska,

sur le sol caillouteux et aride.

—Oh, oh ! il y a quelqu'un ? dis-je.

Bon sang, mais qu'elle est lourde cette épée !

Je dois marcher sans m'arrêter pour ne pas finir ici si je ne veux

pas mourir de soif et être dévoré par ces choses qui rôdent.

—Ho ! Eh ! Quoi ! Je suis le chevalier…

*Inéluctablement : Contre quoi, on ne peut lutter.

—M'avez-vous entendu ?

Je criais pour me donner du courage :

—Pas de panique ! Si je tombe sur les guerriers de Nori,

ma lame bien aiguisée me protège.

Il y avait sur cette planète des hommes solitaires

qui se battaient pour envahir une petite contrée où vivait

une communauté de gens paisibles.

C'était Allyon, là où j'allais, royaume convoité pour sa douceur de vivre.

Situé au sud-ouest, là où les lueurs du soleil enveloppent le sol

en le rendant ***fertile** et accueillant.

Un vrai petit paradis !

*Fertile : Un sol qui donne d'abondantes récoltes.

—Dans ma vie de tous les jours, j'étais un petit garçon

très vif et intelligent. Je crois bien !

Mais quand j'ai commencé à aller à l'école, tout au début,

j'ai balisé grave ! Tout est devenu compliqué.

—Oups ! Baba, oh non… papa !

"jéféunkadoamacopinmari". Oh, crotte et crotte !

Je n'y arrive pas ! Voilà en gros comment tout a commencé.

J'étais pourtant impatient de découvrir d'innombrables choses

qui se trouvent dans les livres.

J'aurais aimé aller à la bibliothèque et emprunter

tous les livres qui parlent de pirates, de soucoupes volantes,

de châteaux et de chevaliers, de robots, de petits oiseaux

qui me tourneraient les pages et de petits lapins nains.

—Oh là là ! Je m'égare, je divague. Mon imagination… ! Pfftt !

Et oui ! il y avait ça aussi !

Je transformais beaucoup de choses dans ma tête en histoires

de toutes sortes.

C'était facile pour moi, c'est comme si j'appuyais sur un bouton.

" Le gros dinosaure fit volte face sur l'homme de Fer qui avançait

vers lui. L'animal poussa un cri d'enfer et lança son immense cou

dans les airs, tandis que des vaisseaux tournoyaient prêts à intervenir.

Le chevalier Niska posté sur le chemin de ronde, dans son armure

dorée, mesurait la scène ".

—Je resterais bien à ***divaguer** dans mon monde,

où tout serait possible… !

Mais mon entourage proche voulait que je reste dans la réalité.

—Alix ! dit papa, est ce que tu as fait tes devoirs ?

—Oh ! s'il te plait, dit le garçon, je me concentre sur un jeu,

c'est bon pour mon cerveau…hein !

C'est un jeu de concentration et de stratégie.

—Quoi ! dit son père étonné.

—Attends papa, je t'explique !

Dans un espace aérien où coexistent les machines

et les êtres vivants, tout doit être à sa place,

réglé pile poil parce que des catastrophes peuvent arriver.

Le sol est sans cesse mouvant.

Divaguer : Délirer, croire en l'impossible.

—Alix ! demain nous avons une journée bien remplie, dit son père.

—Bon d'accord… j'y vais tout de suite… je cours !

réplique le garçon en grommelant.

Alors, à contre-cœur, Alix va s'asseoir à son bureau et sort ses devoirs

de son cartable.

Comme il est brave, il commence la pire des choses à faire…

lire et préparer sa dictée pour le lundi.

Il n'en a pas envie mais voudrait bien que ses parents soient fiers de lui.

Il lit la première phrase :

— "Léléphantavolédanslatasse". Ben ! qu'est ce que ça veut dire,

dit-il en riant. Tiens ! elle est drôle cette histoire, un éléphant

qui vole dans la classe ?

C'est pas possible, je relis encore.

Lenfantacollé s nmo danslaclasse.

Ah ! j'y suis ! L'enfant a collé un mot dans la classe. Ah là là !

Bon ! ça commence bien.

Je me transforme en zombie ou quoi !

Il dit encore :

—Pourquoi ça m'arrive, à moi ?

Il se sentait très malheureux. Il avait tant de difficultés à déchiffrer

les lettres, elles dansaient sur les lignes.

Elles disparaissaient, elles apparaissaient, une en haut, une en bas.

Des fois même, elles s'attachaient toutes ensembles.

L'enfant sentait le désespoir monter jusqu'à la racine

de ses cheveux, il s'énervait en lui-même.

Il prenait sa tête entre ses mains et, plein de colère, jetait son livre

par terre.

Doucement la tête posée sur son bureau, il pleura,

il était épuisé, il s'endormit.

—Hé… hou hou… ! C'est moi !

—Moi ? Quoi ? Qui parle ?

L'enfant dans son ***songe**, s'entendait parler.

—Oui ! C'est moi ! Comment vas-tu ? Tu veux bien parler avec moi ?

*Ahuri, le garçon répondit :

—Heu ! oui… je veux bien mais qui es-tu ? Qu'est ce que tu veux ?

—Oh ! pas grand-chose, répondit la voix, partager des choses avec toi.

T'as quel âge ?

—8 ans, dit l'enfant, et toi ?

—Moi aussi, dit l'étrange personnage. Tiens ! nous avons un point commun !

Tu vas à l'école ?

Alix, répondait machinalement aux questions.

*Songe : Un rêve. - *Ahuri : Alix est stupéfait, étonné.*

—Ben oui ! Et alors qu'est ce que tu me veux ? réplique le garçon.

—Je te l'ai dit , parler avec toi, je peux peut-être t'aider !

Sur un ton **sarcastique** le garçon dit :

—Ah ! j'aimerais bien savoir comment ?

Sur un ton déterminé le personnage reprit :

—Bah ! Quoi ! Trouve un peu, toi !

Au fait, je m'appelle Xila ! Regarde mon nom dans un **miroir** !

De surprise en surprise, le petit garçon n'osait pas parler et s'avouer

ce qui le faisait rager.

Pourtant, il avait bien un problème. Il dit sans s'énerver.

—Oui c'est vrai, j'ai des difficultés pour lire, mais je veux toujours

être le premier et je n'aime pas perdre !

Il ajouta en rigolant :

—Si tu es moi et moi je suis toi, de moi à moi,

je pense que c'est "c o o l" si tu m'aides !

Sarcastique : Sur un ton moqueur, blessant.
Miroir : Alors que vois-tu ?

11

Alix s'enfonçait de plus en plus dans son rêve…

Le chevalier Niska debout aux portes d'Allyon se retourna lentement.

On entendit grincer son armure sur sa ***cotte de mailles brillantes**.

Le chevalier ne vit personne, pourtant il lui semblait bien avoir

entendu "c o o l".

—Il y a quelqu'un ? Montrez vous ! Je ne vous ferai aucun mal.

Encore une fois il entendit :

—Hé… ! hou hou… ! tu ne peux pas me voir mais tu m'entends,

n'est ce pas ?

—Oui, répond Niska. A qui ai-je l'honneur ?

—Ben ! on s'est parlé tout à l'heure ! dit la voix.

—Ah ! ça alors !!

**Cotte de mailles brillantes :
Assemblage de petits anneaux d'acier, en veste, en chemise.
Elle protègeait un chevalier pendant les batailles.*

C'était à ne plus rien comprendre. Je me dédoublais.

Je devenais une multitude de parts de moi-même.

—Quel bonheur ! Quelle extravagance ! Je ***jubilais**.

Tout à coup, un bruissement léger derrière moi me sortit

de mes questionnements.

Je brandis ma lourde épée dans les airs d'un geste menaçant.

—Attention à vous ! Pas fier, mais courageux, je m'avance d'un pas

pressé vers des fourrés épineux, ça sentait mauvais, une odeur

*acidulée me montait aux narines.

—Qui va là ! dis-je en faisant deux bonds en arrière et là,

je vois deux étranges créatures ***humanoïdes**

grises et visqueuses, avec des bras bougeant dans tous les sens,

poussant des petits cris aigus et plaintifs.

—Oooh ! Qu'est ce que c'est ?

jubiler : Éprouver une joie intense.
Acidulée : Odeur légèrement acide.
Humanoïdes : Extraterrestre ressemblant à l'humain.

Alix se réveilla en sursaut car il lui semblait...hum !

Il était dans le pâté !

—Ah, oui ! je me rappelle… dans ma tête…

Xila et le chevalier d'Allyon, les espèces de…

je ne sais pas quoi ! Hum ! Bizarre !

—Bon, allez ouste ! On verra la dictée plus tard !

Les éléphants dans la tasse, c'est pas pour aujourd'hui.

C'est samedi.

Piscine

ESCALADE

EDUCATRICE

—Il y a **Escalade**, ... piscine, ... et l'éducatrice... !

—Beuh ! je meurs... oh non ! pas elle ...

avec ses dents en avant et ses yeux ***bigleux.**

Est-ce qu'on va me laisser tranquille à la fin... !

Je pourrais joueeeer...non ! un peu encooore... !

*Bigleux : Des yeux qui louchent

—Qu'est ce que t'as Alix, tu m'as dit quelque chose ?

Il répondit à son père : — Non… rien… ! et chuchota :

—Je joue à ma console. Hop, un petit gâteau et le grand Niska,

chevalier du royaume d'Allyon, grand ***conciliateur** du monde

de Nori.

Alix tapait sur sa poitrine.

—J'adore ce jeu, je me sens fort, surtout quand je rêve. Triple c o o l !

j'étais Niska et je défendais des gens condamnés à errer dans Nori.

J'y retourne ! Youpi ! Je veux voir où se cache Xila.

Très étrange ce personnage !

Alix était captivé par son histoire. Bien sûr il n'a pas vu le temps passer !

—Tu es prêt, Alix ? Il est 10 heures !

—D'accord, d'accord ! Je m'habille papa et on y va.

*Conciliateur : Personne qui cherche des solutions afin de résoudre un conflit.

Mais ceci est une autre histoire...

Dans le prochain livre,

Léa l'éducatrice, montre à Alix

quelques exercices intéressants qui l'aideront à lire.

Son sommeil l'attire encore aux portes d'Allyon

où il fait d'étranges découvertes.

Qui ou quoi, va-t-il rencontrer ?

Marie Dès

Éducatrice Montessori, a conçu ce livre, le premier d'une série

adaptée à l'œil de certains enfants refusant la lecture et notamment

ceux rencontrant une forme de dyslexie.

Elle a imaginé ces textes en les observant dans leur travail en classe.

Hervé Barré

Directeur artistique en communication visuelle et illustrateur,

a sorti Alix de ses pages blanches et lui a donné ce trait particulier.